संस्कृति की ओर

रमता शर्मा

ISBN 979-8-88629-004-2

संस्कृति की ओर

भारतीय संस्कृति व संस्कार विश्व में आध्यात्म व चरित्र की परिचायक रही है।

हमारी सभ्यता ने समय-समय पर विश्व की संस्कृतियों का ध्यानाकर्षण किया है हमारी सुदृढ़ता के पीछे हमारी संस्कृति व संस्कारों का ही योगदान रहा है।

इतिहास गवाह है, कि संस्कारों से ओत-प्रोत हमारी संस्कृति से जुड़े नोनिहालों ने विश्व भर में अपने जीवन मूल्यों का डंका बजाया हैं।

विवेकानन्द जैसे युग प्रवर्तक के देश में लार्ड मैकाले द्वारा की गई साजिश ने, अंग्रेजियत के रूप में जनम लिया व छिन्न-भिन्न कर दिया व इसके आदर्शों को तार-तार कर दिया।

हमारें जीवन मूल्य मात्र अक्षर ज्ञान को बढ़ावा देकर नैतिकता व चरित्रता का भक्षण करती अंग्रेजी संस्कृति न जाने किधर से पैर पसार गई जिसने भौतिकवाद की चकाचौंध के पीछे पड़कर आध्यात्म के त्यागमय स्वर्णकणों को बिखरा दिया संयम तप धीरज धैर्य मानवता, ब्रह्यचर्य शील, कर्त्तव्य निष्ठता, त्याग, निरंतरता, उत्साह, वात्सलय नेह, व सत्य की दीवारों में असंयम उच्छंखलता, वासना क्रोध झूठ, पाप, कामचोरी, लुलुब्धता आलस्य, दमन, तिरस्कार, घृणा, असामाजिकता, छिछोरेपन की दीमक लग गई।

और मध्य-मध्य से खोखला कर दिया हमारी भारतीय संस्कृति को, वेदों व शास्त्रों की संस्कृति का मजाक उड़ाती हमारी स्वयं की युवा पीढ़ी अंग्रेजियत की धारा में अविरोध बह चली है।

पुरूष पौरूषत्त्व खो रहा है, स्त्री का स्त्रीत्त्व माँ का ममत्त्व चट हो गया पिता का पितृत्त्व क्षीण हो चला राम लक्षण से भ्रातृत्त्व को मानने वाली संस्कृति भ्रात्तृहन्ता हो गई।

स्त्री की लज्जा ने स्वच्छंदता का रूप ले लिया जिस देह को सूर्य-चन्द्र भी बमुश्किल देख पाते थे, उसे इंस्ट्रा जैसी साइट पर आम संभ्रांत महिलायें प्रदर्शित कर रही है। शील व संयम हवा हो गया है।

आज सीता-सावित्री की संस्कृति में घर-घर रंभा मेनका बनने जा रही है।

स्वतंत्रता के नाम पर नैतिकता व मूल्यों का होता पतन कवियत्री को भीतर तक झकझोर गया।

आज शिक्षक, शिक्षक नही रहा, भक्षक हो गया। चिकित्सक धन हेतु यमराज हो गया। नौकर स्वामिभक्त न होकर घर का भेदी बन लंका ढ़ा रहा है।

और कोई भी अपने कुकृत्यों पर नही शरमा रहा है।

ना जाने भारत देश किधर जा रहा है बस यही सब देख कर कवियत्री ने प्रयास किया है। संस्कृति की तरफ ले जाते कुछ प्रश्नों को उठाने का, जिसे पढ़ सुन कर शायद कुछ झकझोर जाये, 'उस वर्ग को, "जो" कि विदेशी संस्कृति की धारा में इस कदर वह चला है कि आधुनिकता व विकास के नाम पर अपने आधारभूत संस्कारों को लील कर संस्कृति को विनाश की तरफ ले जा रहा हैं।

अनुक्रमणिका

"बदलाव"

मौसम का रुख बदला-बदला

जीवन का सुख बदला-बदला

अब तो सुख-दुख बदला-बदला

दिखता सब कुछ बदला-बदला

बचपन नहीं है भोला-भाला

ले न बुढ़ापा कंठी माला

भागी जवानी धन के पीछे

जीवन बीते आँखे मींचे

जीवन तो पहलें जैसा ही

जीवन का ढग बदला-बदला

माँ को माँ न समझे कोई

माँ ने भी तो ममता खोई

बहिन को ना है भाई का डर

भाई रखें ना बहिन की खबर

रिश्ते तो है वही पुराने

रिश्तों का ढग बदला-बदला

शिष्य न दिखते आज्ञाकारी

गुरू में ना गुरूता की खुमारी

हर तरफ पश्चिम की बीमारी

संस्कृति है विपदा की मारी

संस्कार तो आज भी वो है

संस्कृति का रुख बदला-बदला

दंपति के ढंग निराले

एक-दूजे में दोष निकाले

एक को छोड़ दूजे को ब्याह ले,

नया घरौंदा कहीं बनाले

रीत-प्रीत की वही पुरानी

चाल चलन सब बदला-बदला

मौसम का रुख बदला-बदला,

जीवन का सुख बदला-बदला।

"रिश्ते 'यार' हो गये"

संस्कारों के कवच तार-तार हो गये,

आज सारे रिश्ते देखो यार हो गये।

फितरतों ने बदला देखो ऐसा कुछ चलन

बदनीयती के रथ पे सब वार हो गये

भाषा की जो शालतीनता की मुल्क की पहचान

उसकी जुबां के वर्ण ज़ार-ज़ार हो गये

आज सारे रिश्ते देखो यार हो गये।

पापा भी यार हो गये दादा भी हुए यार

माँ-बहिन के भी रिश्ते देखो यार हो गये

यार तो तकिया कलाम है जुबान का

लड़का हो या लड़की भला फर्क है कहाँ

बूढ़े बच्चे बूढ़ी महिलायें भी अब तो

यार की बोली पे सब निसार हो गये

आज सारे रिश्ते देखो यार हो गये।

यारों में यारी हो ना हो पर यार तो है वो
क्या हुआ जो एक से हजार हो गये
भाषा की गिरावट ने झिंझोड़ा रिश्तों को यहाँ
यारी के ठंडे छींटे भी अंगार हो गये
आज सारें रिश्ते देखों यार हो गये।

"संस्कार डस गये काले नाग"

भारत में पश्चिम की भैया फैली आग

खा गया संस्कार देखो काला नाग

संयम जैसे हवा हो गया

व्यभिचार ही दवा हो गया

अब राते रंगीन हो गई

आम यहाँ पर नशा हो गया

उज्जवल सी चादर पर लग गया देखो दाग

शमां बन गई घर-घर नारी

शलभ बन रहे है व्यभिचारी

लुट रहा देखो जिस्म है घर-घर

हवस के बादल मंडराये सर पर

नन्हीं की अस्मत का भी रक्षक ना आज कोई

धन के पीछे हुए दीवाने

काम कर रहे सब मनमाने

चोरी को व्यापार बताये

सांपो को ये हार बताये

संस्कृति की ओर

गाने लगी है सभ्यता देखो कैसा राग
    विद्यालय अंग्रेजी का गढ़
    विदेश लग रहा अब घर-घर
    हिन्दी पीछे फैंक लगे है
    करने अंग्रेजी की पकड़
फूटने लगे संस्कृति के देखो भाग
खा गया संस्कार देखो काला नाग

"लुट गई संस्कृति"

भौतिकता ने संस्कृति को देखो कुछ ऐसा लूटा

हर नारी को पुरूष एक और पुरूष को नारी लगे खूँटा

उच्छृंखलता की धारा में बहने लगे है नर-नारी

आधुनिकता ने खेली है, अबके कुछ ऐसी पारी

एक पुरूष का साथ न भाये नारी को भी आज

पुरूष को भी आती जैसे इक नारी से लाज

चार-चार हो साथी तब ही सार्थक लगता यौवन

आधुनिकता के रंग में ऐसा रंगा गया ये जीवन

डेटिंग चेटिंग और वेटिंग का ऐसा समय है आया

क्रोध, भय, और लज्जा का जिसने प्रतिफल है पाया

नई-नई बीमारियां फैली डिप्रेशन, हाइपरटेंशन

किन्तु कोई जान न पाया क्या है, चारित्रिक अटेंशन

जब-जब खोता चरित्र मनुज घटता है कुछ-कुछ ऐसा

रामायण और महाभारत इतिहास बनाये जैसा

खो-खो कर अपनी अस्मिता और पौरूष इतराते है

आज की पीढ़ी, आज के युवा समझ कहाँ ये पाते है

जीवन में संयम ब्रहमचर्य और सात्विकता की महत्ता

पढ़-पढ़ कर के शास्त्र व ग्रंथ इनको दिखाते है ये धत्ता

तब ही तो विवेकानन्द से ओजस्वी रहे यहाँ ना लाल

राम-कृष्ण ना जब पाने का जननी को है भलाल

कहाँ से होगे आज भगतसिंह सुखदेव से नौ निहाल,

भौतिका और आधुनिकता से संस्कृति हुई कंगाल।

"भारत पर चैनलों का असर"

चैनलों में आज हम जो खोते जा रहे

भारत की सभ्यता से दूर होते जा रहे

बच्चा-बच्चा बना मुँह जोर

सपनो से हुआ काम का चोर

पढ़ने में ना समय गँवाए

कार्टूनो में समय बिताएँ

नारी नर बेशरम हो गये

सबके उल्टे करम हो गये

अधनंगे फिरते है दोनो

नर तो जैसे भ्रमर हो गये

द्विअर्थी संवाद ये बोले

जीवन के सब भेद ये खोलें

इनको किसी की शरम नहीं है

संस्कृति देखों भरम रही है

नारी सैक्स सिंबल कहलायें

विज्ञापन में लाज गंवाए

चंद रूपयें लेकर सेंठो से

अपनी छवि को खूब गिराये

15

संस्कृति की ओर

बच्चे बड़ों की भाषा बोलें
बचपन नही रहे है भोले
समय से पहले बढ़तें जा रहे
बच्चे बड़ों को है सिखा रहे
या तो हिंसा या फिर सैक्स
यही तो इसका क्लाइमैक्स
सीखे कोई क्या फिर इनसे
संस्कृति को लगी है ठेस
हम खुद ही पीढ़ियों में जहर बोते जा रहे,
भारत की सभ्यता से दूर होते जा रहे।

"पैसों की खातिर बिकती नारी"

पैसों की खातिर बिकती है मीना बाजार में
खातिर ये अपने शौक के जाती बाजार में
माँ बाप ने इनको पढ़ा लिखा दिया इतना
करने लगी ये सौदा स्वयं का बाजार में
लानत भी किसे भेजिये ए दिल जहान में
फैशन परस्ती बढ़ गई अब इस बहार में
होटल में मिल रही है, भले घर की बेटियाँ
अमूल्य धरोहर को बेचें अब हजार में
नारी की अस्मिता को इतना सस्ता कर दिया
कि खुद को बेचना हुआ अब अख्तियार में
मजबूरियों से बिकती तो रोते ये देखकर
शर्मिन्दा है ये देख बिकें शौके यार में
अनपढ़ जो करे ऐसा उसे माफ भी करे
पढ़-लिख के बेचें तन ये गंदे बाजार में
फिर बाते है करती हैवानियत की वो
जो खुद बखुद ही बिकने को जाती बाजार में
भौतिकता ने देखो कैसा रूप है धरा
पैसा बना अस्मत से बड़ा अब संसार में

जो इस तरह फैशन परस्ती बढ़ती चली गई
नारी बिकेगी खुलेआम फिर बाजार में
रोको इस माहौल को ना बढ़ने दो इसे
संस्कारों को ना जाने दो यूँ कारागार में
नारी जो लगी शौक से अस्मत को बेचने बाजार में।

"संस्कृति नारी प्रधान"

समय ने देखो करवट बदली

भारत भू की संतति बदली

मर्द करते है चूल्हा चौका

नारी लाती अब रूपवली

नारी ने गहने त्यागे है

हर क्षेत्र में अब आगे है

कहीं तो उड़ती हवा में देखो

कहीं मीन सी जल में भागे है

बनी नारी, नर के समान

संभाले जो घर की कमान

नाप डाले है जमीं आसमान

पतंग सी उड़ती बिना धागे है

किन्तु पुरूष ने खोई है लाज

नारी से भी बदतर हुआ आज।

घर में बैठा वो गिनता है नोट

जो नारी कमा के ला दे है

स्त्रियोचित गुणों को अपनाने चला

कैसे हुआ यह चलन मनचला

संस्कृति की ओर

गरिमा अपनी गिरा के पुरूष
संस्कृति मेरी गर्त में ले चला
बाकी केवल बिंदिया व चूड़ी
नवेली सा रूप तो इसको है मिला
शर्मसार नहीं ये नारी के आगे
हर क्षेत्र में जो करतब दिखा रही है
भारत नर प्रधान था रहा
किन्तु आज संस्कृति नारी प्रधान
होने जा रही है।
नारी नर समान होने जा रही॥

08

"खामोश पड़ी अस्थियाँ"

कूक से जिसकी दहलता एक पल में यह जहाँ
क्या बताये दास्ता खामोश उसकी अस्थियाँ

हर कदम पर शेरे बब्बर बन दहाड़ा फिरता था
शूरवीरों का पसीना सामने फिर गिरता था,
मिट गये है आज उसके नन्हें-नन्हें से निशाँ
क्या बताये दास्तां खामोश उसकी अस्थियाँ।

अपनी दौलत का जमाने भर में करता था गुमाँ
बाग सूने उसके हो गये, आ गया नव बागवाँ
रोक ना पाई वो दौलत मौत का ये कारवाँ
क्या बताये दास्तां खामोश उसकी अस्थियाँ।

ऊँचां मस्तक गर्व से कर गज गमन करता रहा
सिंह सा आवेग बनके दर्प वो भरता रहा
सोचता था, होगी ना शामें जवानी फिर कभी
मिल गया, माटी में देखों कैसे बनके बेजुवाँ,
क्या बताये दास्तां खामोश उसकी अस्थियाँ।

कहती है ये अस्थियाँ, बंदे ना झूठा मानकर
सत्य क्या है, झूठ क्या, अब ही से तू पहचान कर
ये समय जो गुम गया तो फिर से पाएँगा कहाँ
क्या बताये दास्तां खामोश उसकी अस्थियाँ।

09

"तब और अब"

वो निश्शंक खेलता गलियों में,

उछलता कूदता कूलांचें भरता,

फटेहाल भले ही भूखा प्यासा

चाहे निगला ना हो निवाला

माँ अचिन्त्य, खा लेगा,

काकी, मामी बुआ के पास

शंका रहित किसी भी चाचा ताऊ

मामा भाई के रिश्तों से

चिन्ता विहीन यमलोक के पथों से,

तब हम गुलाम थे,

आज हर माँ थमाती है दो पैकेट

या बड़ा पाव, या पिस्सा टिफिन में,

छोड़ती है, क्रैच में, सशंक

विश्वास नही किसी भी रिश्ते पर

सहमी सहमी सीहर सड़क से

जीती है तड़क भड़क से पर चिन्ताकुल

अब हम आजाद है।

10

"रोता है बुढ़ापा आज"

वो रो रहा बुढ़ापा जवानी के आसरे

कौन जवानी को दे इसका अहसास

जीवन दिया जिसने बनाया मर्द जवां है,

बिता रहा वो अपना ज़र बिना आसरे

बचपन में दिये झूले जिसे अपनी बांहो के

जवानी में भूला देखो आज वही खास

बेटे की चाहतों में जिसने माँगी थी मन्नतें

मंदिर के कौने में पड़ा वही बाप

अपना तन मन व धन सौंपा था जिसे

वही बुढ़ापे में करे हाथ साफ

आँखें वो दिखाये, देखो कभी गुर्राये यहाँ

बेटो का कभी न बनना मन, बाप

संस्कारों को रौंद दिया पश्चिम की हवाओं ने

वृद्धाश्रम में भेज दिये माँ बाप

श्रवण कुमार जैसे पुत्र अब होगे नहीं

वो तो बने संस्कृति का अब इतिहास

बूढ़ा खूसट बावला, कहके बुलाते उसे,

धक्के देके करें बात कैसा पाप

देख-देख दुर्दशा रो रहे है संस्कार
संस्कृति को यहाँ लगा कैसा श्राप
बूढ़ा भी जवान था, ये सोच के तो देखो ज़रा
तुम भी बनोगे कभी बूढ़े बाप।

11

"बिकता प्रेम बाजार में"

प्रेम अब मिलता यहाँ बाजार में

कागजों में लिखे हर्फ प्रेम के उधार में

मेरे दिल की चाहतें बयानी हो किसी और की

प्रेम तो पतंग बनी मानों बिना डोर की

जैसी प्रेम की अभिव्यक्ति

प्रेम भी वैसा है अब

कौन जाने किस गली में

प्रीत ये रूल जाये कब

समय ने प्रेम के अहसास को बदल डाला

प्रेम में से प्रेम को ही दे दिया है अब निकाला

इजहार तो हो आपका शब्द किसी और के

प्रेम के इजहार का नया तरीका निकाला

कागज से प्रेम होता है ये मानते है हम

किन्तु अहसास खुद का हो खुद ही चले कलम

आप ने किसी को भी अपना बनाने के लिये

बाजार में जाकर पैसे कुछ खर्च दिये

और ले आये इक कागज रंगीन सा

प्रेम की तारीख में ये जुर्म है संगीन सा

प्रेम नाम है दिल से दिल को समझाने का

प्रेम अहसास है किसी दिल में बस जाने का

प्रेम को जरूरत नही किसी झूठी अभिव्यक्ति की

प्रेम खुद तरीका है प्रेम को समझाने का।

12

"हिम्मत व हद"

माना कि बढ़ गई है युवाओं की खूबियाँ
टी.वी. ने बनाया है उन्हे हीरो यहाँ वहाँ
जुनून है, पाने का कुछ तो पा ही लेते है
साम दाम दंड भेद निर्वाह ही लेते है
चलते है, हम कदम ये देखो लड़के लड़कियाँ
हिम्मतों से लेते है जीवन का फैसला
बढ़ते है शिखर पर बेरोक टोक ये
है, हौसले बुलंद और आरजु जवां
जिस-जिस तरह से ये शिखर पर चढ़ते जाते
चरित्र की हदों से क्यूँ फिर गिरते जाते
हिम्मत तो अच्छी है जोखिम उठाने की
हद भी तो जरूरी है नजदीक आने की
कुछ भी पा लेने का ये झूठा मोह जब
करता है पार हद को तो लुट जाता है सब
स्त्री व पुरूष की ज्यादा नजदीकियाँ
हिम्मत बढ़े तो हदों को ना बढ़ने दे वहाँ
कँधे से कँधा मिल के चले ये तो ठीक है
हम कदम बन के चलो ये भी ठीक है

लेकिन उलांघना ना देखो कभी भी सीमा
भारत में नहीं अच्छा ये चलन विदेश का
ना कहना कि उन्मुक्त होकर रहना चाहते है
यौन उन्मुक्तता से जीना चाहते है
यौन उन्मुक्तता अभिशाप है सब पर
ये वो शह है जो सभी से छीनती है घर
जिसने इस पे चलके संस्कारों को रौंदा
उसने जला डाला है पावन सा घरौंदा
भटक जाये जब राह से तो बसते नही है वो
जो अपनी हद को भूल कर हिम्मत बढ़ाते है

"आज की दीवाली"

पहले मेहमानों की कतार लाती थी दीवाली

अब तो घन-घन सी घंटी में देखो दीवाली

सभी छोटे बड़ों से मिलने थे जाया करते

बदले में ढेरो दुआयें थे उनसे पाया करते

झुकते थे सामने उनके करते चरणों का स्पर्श

उनके सम्मान में अल्फाज कुछ सुनाया करते

मेल मिलापों व मिठाईयों का होता संगम

दिल कर लेता था दृश्यों को हृदयंगम।

बैर भावों को भुला कर शत्रु मित्र होते

दोस्ती के फरमान जो परस्पर लाया करते

घी के दीपों की कतारें होती घर-घर में

और मिष्ठानों की बहारें होती घर-घर में

मांए बहने जुट-जुट के बनाया करती

और चावों से अपनों को खिलाया करती

किन्तु रेडीमेड ने दीपों को बदला लड़ियों में

रोशनी को बदला बारूदी फुलझड़ियों में

घरों में बनते नहीं है आज मैदा मिष्ठान,

सजी जो रहती हर वक्त हलवाई की दुकान।

आ ही जाती है मिठाईयाँ वहाँ से पूजन को

रामा श्यामा के लिये कोई कहीं जाये कैसे

टीवी पर आते है इतने दिलरूबां कार्यक्रम

अब नही होती है चहल पहल यहाँ पे लोगो की

दीवाली ने बदला है अपना आज ऐसा ही चलन।

14

"मुफलिस की दीवाली"

दीप मालाएं सजी थी हुई रोशनियाँ

कहीं बारूदों की फट-फट से उठता था धुआँ

दिन दीपावली का शुभ आया था सब ही के लिये

घर के अजियारों को सजाये हुए थी लड़ियां

भीड़ बाजारों में थी छोड़ थी दुकानों में

घर-घर में आये थे सुख के सामां

वो सुबह से निकला था लेकर लारी

पानी पूरी को था बेचना था उसकी लाचारी

आने यदि चार मिल जाते तो दीवाली होती

वरना ये रात भी हर रात सी काली होती

घूमता फिर रहा था ले के रेहड़ी गली-गली

घर के पकवानों मिष्ठानों में पूरी ना चली

मेहनत का उसकी दुनिया पे कुछ असर ना हुआ

भरी दीवाली में आना भी इक मयस्सर न हुआ

मुफलिसी ने उसे भीतर तक था तोड़ दिया,

दीवालियों हुई महलों में जमके उस दिन,

लेकिन तकदीर ने झुग्गी में अंधेरा छोड़ दिया।

"रावण"

विजयादशमी पर रावण को होता देखा मैंने दहन
किन्तु हर घर देख के रावण रहे भयभीत ये मेरा मन
जन-जन में रावण बैठा है

घर-घर लंका हो बैठा

रहेगी कैसे यहाँ पे अबला

गली-गली में चले है चकला

रहे कहां से यहाँ पे सीता

जिसको अपना स्त्रीत्व था जीता

राम कम रहे रावण ज्यादा

लड़ने का ना रहा है माद्दा

मार दे रावण जला दे लंका

ऐसा राम सा हो कोई बंका

गली-गली में घर-घर रावण

राम का अब ना होता है जन्म

किसे पुकारूँ किसे बुलाऊँ

कल युग में घर-घर रावण है

इतने राम कहाँ से लाऊँ

भारत भू पर फिर भी भरोसा

घर-घर में होगी कौशल्या
अवध सा होगा हर नगर फिर
दशरथ से फिर राजा होगे
चाहे हो कितने रावण भी
राम अकेले प्यारा होगे

"दहेज का राक्षस"

नार्सों से पाली थी कैसी निराली थी

माली दीवाना था निहाल ये डाली थी

यौवन पर भ्रमरों ने उसको जो छेड़ा था

तो माली ने उसके किया बखेड़ा था

नयना सदा सबके नेह बरसाते थे

परिवार की अन्य डालियों में

सब उसको चाहते थे

फिर एक दिन आया यौवन जब

नये पुष्प को देने जीवन चली तब

लता रुकी सिमट गई पास ही के तरू से

नन्हीं कली पितृ डाली से उखड़ कर

चली लाडली पिता ने दिल से भेजा

जितना भी था जीवन भर सहेजा

दिया खोल कर दिल विदाई पर उसकी

समधियों से ना कि, रूसवाई हो उसकी

दिया बरातियों को एक से एक चोला

पिता ने लाडली को सोने चांदी से तोला

किन्तु अभिशाप बनके समाया

संस्कृति की ओर

दहेज नाम का राक्षस जो था आया

लोभी तरू भी ना सहजने पाया

लता को जमीं से जो विलगा के लाया

और और और की ध्वनि बरपाई

लता पितृ से अपने कहने ना पाई

मेरा रूप यौवन मेरी चपलता

दहेज में ही मेरा ये मेरी सफलता

जितना भी बाबुल के पास था पाया

मेरी विदाई पर साथ है आया

किन्तु जुल्मियों की मिटी नही दरकार

सहन नहीं कर पाये वो दुल्हिन का प्रतिकार

डालकर स्नेह तीव्र तीली दी लगा

क्रोध की अग्नि मे लता दी सुलगा

नारी जहाँ पूज्या थी ये देश वही था

दहेज की खातिर यहाँ जली एक सीता

संस्कृति भारत की रोती मुँह ढाँप

हाय कहाँ चुकाऊँगी मैं तुम्हारा पाप?

"आँग्ल का जमाना"

आँग्ल भाषा को परवान चढ़ाने चला है हर बसैया

भारत भाग्य विधाता हिन्दी डूबी तेरी नैया

रामायण गीता की भाषा बन गई, जैक्सन की अभिलाषा

अब भारत भू पर तू जीते छूट गई दिल से यह आशा

तेरा अपना कोई रहा न हुए सारे अपने बे गाने

हिन्दी के रचने वाले रचते है आँग्ल के तराने

कौन रखे पतवार तेरी जब रहा ना तेरा खिवैया

आँग्ल भाषा को परवान चढ़ाने चला है हर बसैया

मुख से जब से हिन्दी छूटी श्रंगारों की बिन्दी छूटी

सधवा भी मनचली सी बनके नाचे था, था थैया

सीता सावित्री को कोई याद करे तो शर्म से मरता

चार्ल्स डायना के जीवन पर हर बंदा अब चर्चा करता

भजन, कीर्तन छोड़ दिये सब डिस्को में है खर्चा करता

अब तो श्रेष्ठ वर्ग में आँग्ल का ही प्रकाश है बरसा करता

अंग्रेजी में ट्विस्ट करे अब रास का रचैया

आँग्ल भाषा को पखान चढ़ाने चला है हर बसैया

अध्यापक हिन्दी के आते पर हाजिरी आँग्ल में बुलाते

मैने हिन्दी में सीखा है, शर्माते है ये बतलाते

अंग्रेजी के अध्यापक से हरपल मिलते देखो नैन चुराते
जब शिक्षक ही तेरा ऐसा, कोई करे क्या मैया
आंग्ल भाषा को परखान चढ़ाने चल है हर बसैया
भारत भाग्य विधाता हिन्दी डूबी तेरी नैया।

"थोड़ा सुख तो दे दे"

दुल्हन के पायल के स्वर में
ममता का स्वर हो गया मंदा
जीवन की रंगीनियों ने
अपनाया कुछ ऐसा धंधा

चूड़ी की खन-खन में भूला
नौजवां हर, माँ की लोरी
बाँहो में प्रियतमा की भूला
बचपन के झूले की डोरी

नन्हा फूल जो खिला आँगना में
भूला वात्सल्य का अपना बंधन
नन्हीं किलकारी में भूला
माँ आंचल का पावन दामन

लेकिन माँ भूलेगी कैसे
जिसने अपना लहु पिलाया
खुद रही गीले में सोती
हर पल सूखा तुझे दिखाया

संस्कृति की ओर

यौवन की दहलीज पे आके
रूप-रंग में इतना खोया

ममता की याद में इक पल
कभी भी तेरा दिल ना रोया

खाने को है रोटी अब तो
माँ के दुध की कहाँ जरूरत

दुल्हिन के लावण्य में भूला
ममता की तू सुंदर मूरत

      तेरी छोटी सी चाहत पर
      जिसने अपना सब सुख त्यागा
      हाथ फैला भी तुझे दिलाया
      यदि खिलौना तूने मांगा

ज़र-ज़र हो गई आज वो जननी
जिसने तुझको लौह बनाया
अपने लहु से सींच के तुझको
जीवन में ऊँचा है उठाया

      पर तुझको वो याद कहाँ है
      अपनी हर इक सुख सुविधा में
      तुझको अंक में रखने वाली
      आज पड़ी है खुद दुविधा में

उसने तेरी अंगुली पकड़ी
जब तूने चलना सीखा था
दौड़ के हर पल तुझे संभाला
लड़खड़ा के जब भी गिरा था

आज वो नहीं चल पा रही
कदम-कदम पर लड़खड़ा रही
तुझको नही है, शर्म आ रही
बनके अँधी वो टकरा रही,

हर दिन उसका दिल कहता है
हाँ मेरा भी इक बेटा है
है, अंधे की लाठी मेरी
लंगड़े की बैसाखी मेरी

ममता का कर्जा क्या देगा
दे सके जो, सूद तो दे दे,
बूढ़ी रोती आँखें को,
मिलकर थोड़ा, सुख दे, दे

"दौलत ने छीना पुत्र का सुख"

कमर हुई है झुकी-झुकी सी,
आँखे भी है धँसी-धँसी सी
नजरों में छाया है धुँधलका
साँसे भी अब फैसी-फैसी सी

जाने कब आता है सवेरा
जाने कब जाता है अँधेरा
तुझ बिन सूना मेरा बसेरा
डालें ना चिड़िया भी डेरा

याद है मुझको अब भी वो दिन
जिस दिन मैंने तुझको पाया
बह गये फिर ममता के स्त्रोते
आँगन ये खुशियों से समाया

नन्हीं सी अंगुली को पकड़कर
मैंने चलना तुझे सिखाया
जीवन पथ के हर रस्ते पर
ध्रुव तारूक सा कर्म निभाया

आई इक दिन तुझपे जवानी
संग में लाई इश्क रवानी
मैंने कोई गिला किया ना
जीवन साथी तुझे दिलाया

छम-छम करती आई बहुनियाँ
आंगन में बज रही पैं झनियाँ
लेके बलायें तेरी मैंने
दुनिया की नजरों से बचाया

और फिर इक दिन ऐसा आया
नया घरौंदा तूने बसाया
करने को दौलत का इज़ाफा
गया कमाने अलग मुनाफा

ममता का स्नेहिल बंधन भी,
उस दिन तुझको बांध न पाया
तू खुश हुआ अपनी बगिया में
मैंने मुँह दे लिया तकिया में

तेरे बचपन के खेल खिलौने
देख के अपने जी को बहलाया
तेरी गृहस्थी हो गई पक्की
मैंने उम्मीदें फिर भी रखी

लौटेगा तूर घर आँगन में
ममता के पावन दामन में
राहै तक दिन रैन गुजारे
तुझको हर दिन नैन पुकारे
        मन में संयम रखा मैंने
        याद न आये तुझको बैने
        लोरी भी वो याद ना आई
        तुझे सुलाने को जब गाया।

"मदिरापान का हश्र"

मह के मद में होकर अँधा देखो जब घर वो आया,

घर में घुसने से पहले ही बीवी पर फिर चिल्लाया।

पापा-पापा कहके लिपटना चाहते थे जो बाल उसे

देखी चाल जो उसकी तो उनका भी जी फिर घबराया।

हाथ में बोतल आधी लेकर आधी पीकर हुआ वो मस्त,

देखा ना परिवार पा रहा उसके चाल चलन से कष्ट

मदनशीन का नशा ना उतरे चाहे घर वर भूखा हो,

खुद तो खाकर लुढ़क गया वो जो भी रूखा सुखा हो।

कैसे ना खायेगा रूखा मह का घी जो पी आया

मह के मद में होकर अंधा देखो जब घर वो आया

बीवी पर गुर्राये पीटे बेबात अत्याचारी,

और कभी हवस को पूरा करे वो बन बलात्कारी।

प्रेम का जो इक बोल ना बोले उसको करे क्या समर्पण,

जीवन संगिनी बनके आई जिसने किया जीवन अर्पण।

बच्चों की भी लाज रखें ना जब छाये उस पर हवस,

बच्चों के ही सामने देखो बीवी करले अपने वश।

संस्कारों का ख्याल कहाँ है, कहाँ से ये देगा आचार

जो खुद का ही पेट भरे पीकर मह प्याला उधार

बीवी ने जब भी माँगा हो कुछ उस पर पड़ गये तब ही चाबुक

बच्चे चुप हो सहम बैठ गये, बापके डर से होश पैठ गये,

बच्चे बचपन भूलगये, बचपन बनके शूल रहे,

धुत बाप को देखके सुखमय बेटा चलता नक्शे कदम,

बेटी पर अंकुश हो कहाँ से उसके बहके जल्दी कदम।

बीवी 'बेचारी' क्या कर ले उसके है अपने ही गम

मह ने देखो कैसा बनाया गुहस्थी का यहाँ धरम,

फिर भी जग का लालच देखो लुटते रहे भले परिवार

दारू का ठेका लेकर खुश हो रहे अब धनी अपार

और सरकार भी देती है, लायसेन्स उनको यहाँ,

गर्त में जाये चाहे धरा तो उसे भला पड़ी है कहाँ।

सब जब सरकारों को चुनते धन का ताना बाना बुनते

लेकिन किसी ने ये ना चुना, बंद करे जो महसा गुनाह

ऐसी हो सरकार यहाँ तो बंद हो यह व्यापार यहाँ

और फिर से हो जाये सुखद, मह से बनी है जो दुखद

हँस कर घर में घुसे हर पति, सुखी रहे फिर हर गुहस्थी

संस्कार मिल बाँट के दें तो बनी रहेगी यहाँ संस्कृति

नहीं तो होगी इक दिन छिन्न भिन्न और बेजार यहाँ,

मह की दासी बनी रही तो संस्कृति तार-तार यहाँ।

"शिक्षक बने जब इज्जत का भक्षक"

'हाय' क्या हुआ है आज आग लगी जमाने में,

आगे कौन आयेगा इस आग को बुझाने में

पहले जो कोई नियम भूलता शिक्षक उसको समझाता

आज हुआ है देखो कैसा शिक्षक शिष्य का ये नाता

हवस भरी आँखे बन गई, आज पुरानी 'खुद्दारी'

अखबारों में सुर्खिया है शिक्षक ने लाज है उतारी

बालाओं का क्या शोषण हो बचे नही है, बाल यहाँ

आज कुछ शिक्षक लेकर बैठे हवस का ऐसा जाल यहाँ

किन पर कर ले आज भरोसा जननी जनक जो समझाये

जिनको भेजें पाठ पढ़ाने वही बदन को सहलाये

शोषण की ही नजर से देखें खटमल से व्यभिचारी यहाँ

अब ना रही है, शायद इनमें मानवता की खुमारी यहाँ

एक समय था जब आश्रम में पलते थे सब नर-नारी

गुरू के घर रह लेते शिक्षा और थे बनते आचारी

पर अब देखों खुद के ही घर में लूट रहा शिक्षक इज्जत

गुरू में जो गुरूता ना रही तो बनेगे कैसे गुरूभक्त

सोच-सोच के काँप रहा दिल क्या होगा कल आम यहाँ,

इंसानियत रहेगी ना फिर हवस का होगा नाम यहाँ।

अपनी बेटी जैसी बाला की आबरू लेकर शिक्षक

पाना चाहता देखों जहां में फिर भी झूठी ही इज्जत

पहले जो आँखें धमकाती अब वो आँखे बदन सहलाती

जिन आँखों में रंग रहता, बस गई उनमें रंगीनियां,

'हाय' कहाँ ले जायेगी मानवता की संगीनियां।

आँखों से नापें तोले शिष्या के हर अंगों को,

देखो कैसे भंग कर रहे शिक्षा के ये रंगों का।

ऐसा ही जो चलता रहा तो यूँ ही ये गुल खिलता रहा तो,

मांगोगे फिर तुम शिक्षा और किसी ना काम आयेगी

तुम्हारी ये सारी शिक्षा

फिर कोई तैयार ना होगा तुमको घर में लाने को,

कोई कहेगा ना फिर अपनी लाज को पढ़ाने को।

इंसानियत को मार कर हवस के ओ पुजारियों

मत करो सरे आम यहाँ पर संस्कृति को बदनाम यों

भारत वो घर जिसमें रहा है गुरूओं का हरदम महत्त्व

किन्तु तुमने खत्म कर दिये अपने गुरूपन के सारे तत्व

ओ देह से खेलने वालों रखो थोड़ी लाज जरा,

क्षण भर के सुख खातिर तुमने मानवता को किया दफा।

कोई आगे आके बुझादे, आज लगी जो आग यहाँ

नहीं तो जलके खाक बनेगा मानवता का बाग यहाँ

आत्म संयम की परिचायक धरती नहीं तो बिखलायेगी,

भारत की संस्कृति लज्जा से सिर भी उठा न पायेगी।

22

"समाज की तस्वीर"

सत्य को स्वीकार कर ऐ मनचले राहगीर

न्याय का साथ दे, बना समाज की तस्वीर

उचित और अनुचित का बुद्धि से भानकर,

किसी के कहे सुने से ना सच्चा तू मानकर।

अपने लक्ष्य को करना परिवर्तन कभी,

देख छूट ना जाये हाथ से 'रतन' कही।

समाज तो वो नींव है जिस पर है देश खड़ा

भारत के इस प्रजातंत्र में समाज है अटूट कड़ी,

उससे ही तो चलती है समय की पावन घड़ी।

बुद्धि वेत्ताओं ने जब जब किया कोई ऐलान

वहीं से शुरू हुआ है परिवर्तन का इक आयाम

समाज नाम नही है, तुच्छ बातों से बहकने का,

समाज वो परिणाम है, बुद्धि के चहकने का।

किसने कब क्या कह दिया उससे नहीं चलता समाज

समाज तो पहचानता है, सत्य ईमान की आवाज

जब कभी हम खड़े हों चुनाव के कगार पर

सभी को ये ही चाहिये पूर्णतः विचार कर

तुच्छ बातों को बुद्धि से दर किनार कर

संस्कृति की ओर

इंसानियत की प्राप्ति हेतु इंसान पर एतवार कर
क्योंकि समाज की इक छोटी सी भूल
कुम्हला देगी मानवता के फूल
फिर ना रहेगी यहाँ बहार बैठेंगे हम हाथ पसार
आज हमारी यही दरकार सच्चाई को करे स्वीकार
जिससे हो अपना उत्थान रहे मानवता उन्वान
सुदृढ़ बने ये समाज बने परिवर्तन का आगाज
और बदले सबकी तकदीर भारत की बदलेगी तस्वीर,
समाज की शक्ति से ही भारत की बदलेगी तस्वीर
और खिलेगा प्रजातंत्र हर व्यक्ति होगा स्वतंत्र,
हिन्दुत्व का होगा प्रभाव रहेंगे संस्कृति के भाव
यदि हमसे कोई भूल हो गई मानो संस्कृति ही खो गई,
विदेशी को देंगे पहचान खो देंगे अपना सम्मान।
फिर से ना होना पड़े परतंत्र खो ना दे हम राजतंत्र
अपनाओं मानव यही मंत्र मानवात्ता ही भारत का तंत्र।
हम सब मानव एक जुट हो खींचे एक ऐसी तस्वीर,
कि झिल मिलाने लग जाये, भारत की बिगड़ी तकदीर।

23

"जान से खेलता धन"

ज़र और ज़रा से टूट कर उसने कहा

जवान बेटी को तो घर से करना होगा विदा

आयेंगे पर कहाँ से रूखसती के सामान सब

कैसे होंगे हाथ पीले नन्हीं के बोलो जरा,

इस पर बोली देके ढ़ाढ़स उसकी शरीके हयात्।

ले लेंगे हम कर्ज करेंगे बेटी के पीले हाथ

कर्ज़, कर्ज़ ले तो लेंगे पर चूकेगा कैसे सोच तो,

सुबह और साँझ के खाने के लाले रोज जो।

हिम्मत दिखा के बोली घर पर छप्पर तो तुम डाल लो

जो जमा किया है, पूंजी उसको तुम निकाल लो

घर ही अच्छा होगा न जो आयेंगे रिश्ते कहाँ,

क्या मुँह लेके जायेगी फिर बेटी समधि के यहाँ।

मैं करूँगी फिर मजूरी थोड़ा-थोड़ा जो दूँगी

देंगे हम फिर कर्ज चुका, दिन रात संग दौड़ूंगी

मानकर जब बात उसकी घर पर अपने डाली छत

'हाय' होनी ने किया, देखो फिर कैसा अनर्थ

एक दिन का ज्वर जो आया तप के वो घबरा 'उठी'

जल्दी से लाओ चिकित्सक दर्द से करहा उठी
थी गरीबी और गरीबों का मसीहा कौन है
प्रकृति सब जानकर और देखकर भी मौन है
कम पैसे में कर दे, जो दवा दारू आ गया
जानता ना रोग फिर भी सुई इक लगा गया,
उसको तो करनी थी केवल जेब अपनी ही गरम
रोगी पर बीतेगी 'क्या' '? ना' सोचता था बेशरम
ये घटा क्या? आई हिचकी थरथराहट सी हुई
मन हुआ बेचैन और दिल में घबराहट सी हुई
चल पड़ी सब छोड़ के आधे अधूरे वादे ये,
घर का छप्पर छत पे था जो आँखे घूरे थी उसे
मार डाला मार डाला कहके वो चिल्ला गया
अंजाने में हाय मुझसे कैसा रक्षक आ गया
जो ना तूने जाना था लक्षण बीमारी का जालिम,
क्यों अपनाई अपनी ही बुद्धि से चिकित्सा की तालीम।
मैं करूँगा अब मुकदमा जेल में पहुँचाऊँगा
मैने जो भुगता ठीक वैसा तुझे भुगताऊँगा
दवा का व्यापार करने वाला था चालू बड़ा
जानता था कि अमुक की कमजोरी उसकी जरा
बोला मुझसे गलती हो गई मत मचा कोई बवाल,
बीच का ही रास्ता जो हो समझ के तू निकाल।
लेले पैसे मुझसे तेरी संगिनी के जीवन के

चुप लगा अपनी जुबां पर तू भला आदमी बन के
ठीक उस पर याद आया छप्पर का लिया कर्जा,
सामने बेटी को देखा जिसको था करना विदा
मन ही मन वो बुदबुदाया सच करके दिखला गई,
जीते जी जो न हुआ तो मरके कर्ज चुका गई।

24

"संकरता"

संस्कृति को लज्जित किया है

आज की बढ़ती संकरता ने

वीरों में आभा ना लौह सी

पुरूषों में बढ़ती किन्नरता ने

होगी भी कैसे ना उनमें चाल

चलन की खोई शक्ति

पाई है जिसने मातृत्व से

मिली जुली संस्कारी प्रवृति

खानदान का नाम लेने पर

दिल जो दहलाती हुंकार

खानदानों का पता नहीं तो

कहां से हो जोशीली चीत्कार

शर्म कहाँ से आयेगी जब

बेशरमी ने जन्म दिया

वंशजों का नाम लेने पर

शर्म से हो जब गाल ये लाल

बिना पिता के नाम के जनने को

तैयार है जब जननी

मानवता के आंगन में
खरपतवार तो है उगनी
लहु की लाली में बदचलनी का काला रंग मिला,
भारत की धरनि को मिला है स्वतंत्रता का खूब सिला।

"अति महत्वकांक्षा"

इतराना ता तू पहन कर महत्वकांक्षाओं का ताज,
भूलना ना इक पल भी उसकी लाठी बे आवाज।
जोश में अपनी उड़ा के भूल कर सबदीन दुनिया,
तू ना बनना जड़मति ना बनना बुद्धि का तू बनिया
चूस कर लहु लोगों का करना ना जी को बहल,
छीन कर छोटों व दुखियों से ना भरना अपना महल
वरना इक दिन खोना होगा तुझको तख्तो ताज भी,
और तू ना कर पायेगा चीख कर आवाज भी।
अपनी ताकत के गुमां में निर्णल को तू ठुकराना ना,
अपनी महत्ता की खातिर नीचा औरों को दीखाना ना।
ना उठाना दुसरों की कमियों से तू फायदा,
भूलना ना कि जहाँ में चलता है बस कायदा।
गर जो भूला तू प्रकृति के नियम व कानून सब,
तुझको भुला देगी प्रकृति, शौक और ये मौज तब।
हाय किसकी कब लगेगी कौन जाने फिर यहाँ,
भस्म होगी तेरी ताकत ढेर में गम के कहाँ।
जो मिले तुझको गर शक्ति परहित में फिर साध तू,
दौलत को अपनी लुटा पर घर कर आबाद तू।

देखना फिर तेरी ताक़त तेरी दौलत का जहाँ
हर कली निरखेगी तुझको समझेगी अपना बागवाँ
और फिर मुस्कायेगा देख तुझको निगहवाँ
कि किया है तूने रोशन बागे क़ुदरत का यहाँ

26

"नया समाज बनायें"

कड़ी-कड़ी मिल कर बनती है देखो इक जंजीर,
बंदे से बंदा मिले तो बने समाज की तस्वीर।
अलग-अलग जो रहे तो शक्ति होती जाती क्षीण
अलग-अलग रहने पर फंसती जाल में देखो मीन
अलग-अलग रहने से ही तो पंछी पाये काल,
एक जूट हो तो जोर लगाये ले उड़ जाये जाल।
आओ हम भी इकजुट होकर जोर लगाये आज,
नई दिशा से उदित करे हम अपना यही समाज
बैर भाव के तिमिर को बदले मानवता के सूरज से,
पश्चिम की संस्कृति को रौंदे अपने सुनहले पूरब से।
तू भी जागे यह भी जागे थोड़ा-थोड़ा आओ आगे,
इक-इक हाथ जो मिले यहाँ पर सेना हो तैयार
फिर कोई भी कर न पाये मानवता पर वार।
इक-इक रेशा बनता है जब बनती है इक डोर,
तोड़ ना पाये कोई भी उसे लाख लगाये जोर।
काटेगा इक-इक रेशा ही तोड़ेगा उसका संबल
क्यूंकि इक-इक रेशे से कटने से ही होगा मंदा बल
लेकिन हमको तोड़ ना पाये कोई बैरी आज

कहे सुने से कटेंगे ना हम हो ऐसी आवाज
कोई कैंची काट ना पाये अपनी पक्की डोर,
शत्रु तक पहुँचे ना अपना कोई ओर या छोर।
आओ मेरे भाईयों मिलकर पूर्ण करें हम आज
रहा अधूँरा अब तक था जो अपना इक अंदाज,
मिल जुलकर इक जान बने हम करें पूर्ण सबकाज
अमिट, अनंत, अटूट बनाये अपना यही समाज।

27

"सहेज कर रख लो"

एक बूढ़ा इस जहाँ से अलविदा कर गया,

संस्कृति की पुस्तिका का पन्ना अधूरा कर गया,

रह गये पीछे अधूरे, नियति के अल्फाज सब

साथी सब रह गये अधूरे, सफर पूरा कर गया।

थे विरासत वो हमारी जिनको कहते दादा-नानी

रोज रातों में सुनाते संस्कृति की जो "कहानी"

संस्कारों के शहर की हुई अधूरी हर गली,

कोई संस्कारी यहाँ से पल भर में गुजर गया।

था सहेजे जो विरासत संस्कृति के बाग की

खिल-खिलाते थे सुमन संस्कार की इक आब भी

सदाचारों के पहन कर आभूषण जो फिर रहा

आचारों की संहिता का पन्ना अधूरा कर गया।

औढ़े फिरा करता था जो सभ्यता की उजली चादर

घूमता जहाँ में बन के मिसाले शामों सहर

रौनके लेके गया सारी हमारी बस्ती की

गलियाँ सूनी घर भी सूना चौराहे अधूरे कर गया।

जिंदगी के सफर में जितने मिले अनुभव महल,
बाँटता था सबसे वो, रहती यहाँ चहल-पहल
बागवाँ था वो हमारी, विरासते गुलशन यहाँ
एक बूढ़ा पेड़ गिरकर गुलशन अधूरा कर गया।
रूठ गई हो मानों हम से जीवन की हर इक खुशी
खुशियों की सौगात लाती थी उसकी निर्मल हँसी
बाँटता अपनी धरोहर जी चुके पल छिन यहाँ
बाँट कर खुशियाँ जहाँ को पीके गम जहर गया।
कर रही प्रलाप देखो आज उसकी संतति
कौन अब समझायेगा, कैसी थी अपनी संस्कृति
संस्कारों के फूल बगिया में खिलेंगे अब कहाँ
बागवानी करने वाला पूरी मजूरी कर गया।
सहेज कर जो रख सके ना हम बुजुर्गों की ये दौलत
खाली हो जायेगी अपने देश की अनुपम धरोहर
पश्चिम में बदलेगी पूरब की सभी अच्छाइयाँ
जो निगहबाँ मूँद आँखें धरनि पर पसर गया।
एक बूढ़ा इस जहाँ से अलविदा जो कर गया
संस्कृति की पुस्तिका का पन्ना अधूरा कर गया।

28

"मुझे बचालो"

फरी ओढ़नी जीर्ण सी चोली

रो-रो फिर वो मुझसे बोली

कोई संभालों मुझको आकर

लुटा जा रहा मेरा ये घर,

परदेसी ने डेरा डाला

मुझको अपने घर से निकाला

छीन ली उसने मेरी साड़ी

अंगिया को छोटा कर डाला

बेशर्मी ने किया बसेरा

दिखता नहीं है, मुझे सवेरा

निर्लज्जता ने गहने त्यागे

लज्जा को भी दिया निकाला

मेरा सारा रूप लुट गया

रहा सहा स्वरूप लुट गया

ढँकना, ढँपना छीना मुझसे

जीवन अंग प्रदर्शन अब बना

भाव रहे ना मुझमें बाकी,

नृत्त्य में खाली लटके रह गये

नैनों की भाषा गुम हो गई
यौवन के बस झटके रह गये
स्वतंत्रता का नाम दिलाकर
हुआ उच्छृंखल मेरा घर-वर
ममता क्षमता संयम धरम
रहा ना इनसा कोई करम।

नेह, लगाव प्रेम वत्सलता
इनसे नही है, कोई रिश्ता
देह-दीवाना हो गया जीवन
भटक रही मैं बेघर, वन-वन।

याद आ रही मुझको मेरी
लज्जा की मूरत वो प्यारी
सिर पर पल्लु लेकर जब मैं
इठला के चलती थी न्यारी।

मेरे देश की परम्परा को,
लगा है, देखो भारी धक्का
दिखे ना मर्द यहाँ पर कोई
हर युवा बन चला है "छक्का"।

कानों में झुमके डाले है
बालों की चोटी कर डाली
शारीरिक सौष्ठव को त्यागा
पतली-पतली कमर बना ली।

भाव-भजन ना राग रंग है,

नाईट कलब डिस्को है खाली

मेरी संतति ऐसी बदली

मुझको दी देती है, गाली।

इतना कह सिर ठोंक कर

संस्कृति यूँ बनी रूदाली

छाती पीट-पीट कर बोली

खो गई मेरी छवि निराली

मुझे बचालो मेरे लाल

वरना रखना ये ख्याल

चली गई जो मैं यहाँ से

पहचानोगे फिर खुद को कहाँ से।

29

"नारी स्वतंत्रता"

पर्दे से निकली अच्छा है,
दिखलाई अपनी क्षमता है
क्षेत्र-क्षेत्र में छा गई है, तू
ये तो तुम्हारी गुणवत्ता है,
स्वतंत्रता तो ठीक है, लेकिन
अच्छृंखलता यूँ आम नहीं है,
नारी शरम तेरा गहना है
अंग प्रदर्शन काम नहीं है
तेरा रूप है तेरे भाव
तेरी लज्जा तेरी आब
यौवन को ढकना अच्छा है,
दिखलाना सरेआम नहीं है,
चाँद सा तेरा मुखड़ा ना हो
लेकिन संयम गहन रहा हो,
हर शख्सियत तुझको नमेगी,
रूप भले ना चाँदी सा हो,

संस्कृति की ओर

थोड़ा-थोड़ा रूप दिखा जो
देखी उसमें क्या थी चाहत
पद्मिनी शीशे में देखी
हुआ दीवाना जालिम रावत
        रूप था उसका, उसका संयम
        जौहर की अग्नि में दमका
        आज तक भी उसकी तुलना
        कोई रूपाला नही कर सका।
जौहर नही है, काम तुम्हारा
बस मुझको इतनी है, चाहत
देख के तेरा नंगा नर्तन
संस्कृति भी यूँ हो ना आहत।
        कि स्त्री की महज चपलता
        इतनी चंचलता बन जाये
        जो देखे "वासना" से देखे
        तुझ पर गंदी नजर उठाये।
नाम किया है, तूने आज
इसमें तेरे गुण है "राज"
रूप लावण्य सुहाना तेरा
पर लज्जा नज़राना तेरा।
        जो प्रकृति से तुझे मिला है
        इसे संभालों तो ही खिला है,
        तेरा रूप सौंदर्य यौवन
        पावन रहे तेरा ये तन मन।

30

"संस्कृति शरमा रही"

दम दम दम दम पश्चिम की धुन पर
आज सभ्यता देखो गा रही,
मुक्त सहवास का कर आंदोलन
नारी अपना अहम, लुटा रही।
भुल गई सीता सा स्त्रीत्व
सावित्री भी याद ना आ रही,
होके उच्छृंखल आज फिर रही,
उन्मुक्त हो कर अंग दिखा रही।
संयम ने रूतबा खोया
भारत देख-देख कर रोया
जिस तन को भानू ने हुआ ना,
वायु भी पासका रूआ ना
आज बना वो सबका प्यारा
देहयष्टि यूँ सबको दिखा रही।
बतीस चौबीस बतीस का ये,
मेहनत करके फिगर बना रही
पहन के छोटी अगिया चोली
यौवन के उभार जता रही।

पुरूषों में भी राम रहा ना
धीरज अब यूँ आम रहा ना
रात-दिन बस सोच है नारी
कर्म कही प्रधान रहा ना।

बसा हुआ सब जगह है रावण
कोई जगह भी नही है पावन
चरित्र किसी की नहीं जरूरत
चरित्रहीनता काम आ रही।

नारी प्रदर्शन की मूरत बन
अब सब है पुरूषों को लुभा रही
रूपवती कहलाने को वो,
हर इक अंग पे अंक पा रही।

आयशा का व्यक्तित्व रहा ना,
उर्वशी हर जगह भा रही
देख के ये उत्मुक्त वासना
भारत की संस्कृति शरमा रही
शरमाता भारत का आचरण
पश्चिम की हर लहर भरमा रही।

नन्है मन भी वासनाओं में
अब तो देखों डूब चले है
संस्कारों की बगिया में अब
बदचलनी के फूल खिल है।

कौन सिखाये सही आचरण, जननी जन्म आचरणहीन है
बूढ़े भी अब फैशन शो देखे दिखते नहीं कहीं ज़हीन है
शरमाया है पश्चिम भी अब तो बोले वो पूरब के स्वर में
पूरब लेकिन डूब चला है, पश्चिम के अंधे सागर में।
आज के हर भारतवासी ने
अपने संस्कारों को भुलाया,
शरम से डूबा सारा भारत
खोने पर अपने आचार
संस्कृति का ख्याल दिलाये,
किसे करे इसका आभार,
संस्कारों में शरम कहाँ हो,
जननी जो खुद शर्म गंवा रही
स्वतंत्रता की भाषा देकर,
संस्कृति देखो खुद शरमा रही।

31

"धरनि की तपन"

धरनि तपती तपके जताती अपनी विरह की प्यास,

मेघा प्रियतम अब बरसेंगे, रखे रहती आस,

इंतजार का इक-इक पल करता पतझड़ का आह्वान

प्रियतम को पुकारने हेतु, हवा सुनाती प्रणय गान,

विरहा की जलन ने देखों कर दी सब सुंदरता क्षीण

पौधों में अब पुष्प खिले न, वृक्ष हुए है पत्र विहीन

जगह-जगह से कटी-फटी सारी धरती की तरूणाई

देखके अपनी प्रियतमा "यूँ" नीरद को वो याद आई,

उमड़-घुमड़ कर आया बादल बन वसुधा की प्रिय साजन

लगा महकने और दहकने वसुंधरा का तन और मन

छींट-छींट कर नेह जो बरसा उसमें सौंधी महक उठी,

कोयल कूक उठी बागों में कली-कली फिर चहक उठी

हरी-भरी चूनर ओढ़ी फूलो से लाल हुए कपोल

नव तरूणी सी यौवनमय बन धरती बोली मीठे बोल

गाँव-गाँव में नौबत बाजे बालाएँ गायें मल्हार

वैरागी भी प्रीत से भर गये देख धरा और मेघ का प्यार

प्रीत बिना जग सूना है, प्रीत है, सूनी बिन पानी
प्रियतम संग कर रही किलोले आज धरा बन के रानी
प्रकृति ने क्या नियम बनाये बिन साजन सब सून
वसुन्धरा भी खिला ना पाये बिना मेघ प्रसून

32

"संस्कारों कालिय"

केक काट कर मना रहे है सिर्फ हैप्पी बर्थडे,

जाने कहाँ विलीन हो गये षोडश संस्कार मेरे

शुक्र है, याद है, बर्थडे तो कम से कम

याद तो है, कि लिया है, तूने मानव का जनम

करना क्या है, क्यों हुआ है, तू भला पैदा यहाँ

देख कर प्रकृति को दिल किया शैदा यहाँ

केक काटने मौज मनाने नाच गाने के लिये

क्या बर्थडे रह गया है, जी बहलाने के लिये

क्या कभी इस बात पर भी गई है, तेरी नजर

मनुष्य क्यों पैदा किया है, "ईश" ने इस धरती पर

कि सँभालें तू जहाँ में संस्कारों की अपने विरासत

सत्यवादी हो सदा तू और फैले तेरा "सत्त"

अन्न प्राशन, कर्णछेदन उपनयन संस्कार ये,

भारत की परम्परा में थें, सदा शामिल रहे,

जो बताते थें क्या खाना, कैसे रहना क्या है, सुनना

सुन के किसी भी बात को हर पल सदा है मन में गुनना

लिखते नही थे भारतवासी कागजों पर कुछ कभी

दिल दिमागों पर लिखे थे, श्लोक बन कर सार सभी

क्योंकि, उनका आचरण ही योग था और योगिनी
शक्तियों थीं हजारों उनमें अनगिन मोहिनी
बर्थडे वो केक खाके न मनाते थे कभी
जनम लेने पर वो अपने ना इतराते थे कभी।

पाँव छूकर बड़ों के आशीष पाते थे यही
कि बढ़ाना आगे चलके संस्कारों की तुम 'बही'
चले गये है आज ना जाने कहाँ सभी संस्कार
आज तो हर तरफ है, बस पश्चिम की बहार
हैप्पी बर्थडे टू यू कहके तालियां दो दी बजा
और फिर बस हो गया, जन्म लेने का मजा
खा लिया भर पेट खाना हो गई है, पार्टी
दे दिया उपहार कोई पूरी कर दी हर कमी
जनम लेने वाला भी देखो है, बड़ा इतरा रहा
ये नहीं सोचा कि पल-पल समय बीता जा रहा
एक साल बढ़ गया जीवन का तो, कैसी भला खुशी
एक वर्ष कम हो गई है, पगले तेरी जिंदगी
बर्थडे तो तू मना जब सोच तूने पा लिया
जिस लक्ष्य को पाने हेतु है, तुझे जीवन मिला,
जो 'नही' पहुँचा मुकां तक छोड़ देये सब ढर्रा
फिर से अपना ले बुजुर्गो की तू अपने परम्परा
जीवन का कर योग मय साध मन को योगी बन
क्षय न हो साँसे तेरी साँसों को तू अपनी बढ़ा

लेके कुछ प्रकृति से बाँट अपनी संस्कृति को

मानव तू मानव है, मत लजा सुंदर कृति को, गर जो तूने
साध जीवन

लक्ष्य अपना पा लिया, सार्थक होगा जो फिर गर बर्थडे मना
लिया।

लेके कुछ प्रकृति से बाँट अपनी संस्कृति को

मानव तू मानव है, मत लजा सुंदर कृति को, गर जो तूने
साध जीवन

लक्ष्य अपना पा लिया, सार्थक होगा जो फिर गर बर्थडे मना
लिया।

33

"नारी की सुंदरता"

नारी क्यूँ कर तूने अपना आचरण गिरा दिया?

कहलानें को सुंदर रमणी स्त्रीत्व ही भुला दिया

समय-समय की बलिहारी थी एक पुरूष की जब नारी थी,

दो अँखियों में ही जब उसने अपनी छवि निहारी थी

उन दोनों नयनों में ही सुंदरता की खुमारी थी।

किन्तु पश्चिम ने आज यहाँ पर ऐसा धिनौना जाल बुना

नारी सुंदर गृहणी ना रहके चली बनने सुंदर कन्या

अपने प्रियतम की अँखियाँ ही करती नहीं है तृप्त इसे

चली निहारने नग्न होकर ये परनयनों में सुंदरता

कसरत कर-कर फिगर बनाये अपने यौवन में रमजाये

गृहणी होने को झुठलाये देहयष्टि के अंक ये पाये

फिर आके उल्लास से बोले जीती मेरी 'बुद्धिमता'

विश्व सुंदरी के सपने ने सुंदर घर को दिया जला

शर्म नही आती लोगों के सामनें पति को दिया नकार

ये तो वही किंवदन्ती हो गई, अपनी गृहस्थी गई 'डकार'

कैसा है ये चलन चला भारत भूमि पर आज यहाँ

तन-मन को ढँकने वाली खुले प्रदर्शन पर है, फिदा

क्षणिक स्वप्न को पाने हेतु जीवन के सपने तोड़े

लोभी लालची अँखियों में आने को अपने छोड़े।

नारी अपना धर्म भूल कर, रही ये कैसा धर्म निभा

गर्त में गई भारत की संस्कृति नारी ने है दिया गिरा

आजादी का ऐसा मतलब जो होता मालूम इसे

तेरी आजादी पे, सबसे पहला बंधन देती लगा

अब भी संभल ले संभल सके तो देह नही है रूप तेरा।

तेरे गुण ही तेरा यौवन सदाचार स्वरूप तेरा।

अपनी उच्छृंखलताओं से पूरब को तू यूँ न लजा

स्वाभिमान के सच्चे सौंदर्य से नारी अपना रूप सजा

मेनका और उर्वशी को भी तूने पीछे छोड़ा

वो तो नाचे इन्द्र सभा में तू नाचे पश्चिम में जा

अनुपम सौंदर्य तेरा जो है, नहीं किसी को दिखाने को

ऐसी सुंदरता भर मन में दिल के सभी दीवाने हो,

वरना थू-थू करेगा तुझ पर आने वाला लदु तेरा।

पत्नी बन कर पत्नी रही ना, माँ बन कर ना रहेगी माँ

मात्र बनेगी अंक शायिनी मानव की वहशियत की

गर न अभी भी जागी तू जो ना तुझको ठोकर हो लगी

स्वतंत्रता के पैमानों को तू मत करना इतना बदनाम

कि भारत से नारी का हया का, सदा को उठ ही जाये नाम।

34

"मूक रखे है संस्कृति"

आँख से दो बूंदे ये देख कर छलकती

मूक जानवर रखे है, आज भी कायम संस्कृति

नियमों से बंधी है, आज भी उनकी संतति

मूक जानवर रखे है, आज भी कायम संस्कृति।

दो कुत्ते आये इक दिन द्वार पर मेरे

लगाने लगे वो सामने ही फेरे,

खेल-खेल में, उड़ा रहे थे धूल

तभी एक की आँख में वो लगी बन के शूल,

जो दूजे पिल्ले ने उड़ाई थी धूल

जो उसने थोड़ा गुर्राया तो

झट से अपनी गलती मान

चुपचाप बैठ गया दूजा सही गलत का करके भान।

और उसी पल आये दो बालक भी वही खेल-खेलने

खेले वो भी धूल उड़कर बालू में ही धरौंदे बनाकर

किन्तु यहाँ फर्क है क्या वो भी तो देखो न जरा

एक ने मुठ्ठी भर के उछाली मिट्टी दूजे की आँख में डाली,

दूजे ने जब उसको डांटा, तो पहले ने मारा चांटा

दुजे ने खोली जब ताली, पहला लगा बकने गाली।

खेल बन गया तभी भिड़ंत मेरे मन में कौंधा तुरंत
मानव के व्यवहार बिगड़ गये संस्कृति के आचार बिगड़ गये
गलत बात पर अड़ने वाले देखो आज है ज्यादा बढ गये।
जिनको रब ने वाणी दी है
सरस्वती कल्याणी दी है,
और जिनको बक्शी है बुद्धि,
उनमें ना है, मन की शुद्धि
मूक जानवर ज्यादा समझे।
भले बुरे की नियति क्या है
क्या है, यहाँ संस्कार हमारे
और हमारी संस्कृति क्या है?

35

"विवाह या खेल"

गुड्डे गुड़िया जिनकी संपत्ति

बनने जा रहे आज दंपत्ति

उतारने को अपना फर्ज

बेटी को माना इक कर्ज

और चुका दिया आसानी से,

थाली में बिदाई गुड़िया

दुल्हन उसे बना दिया

देखो माँ बाप ने कैसा फर्ज निभा दिया

पल्ले जिसके बांधा है, उसका भी क्या माद्दा है

नन्हा मुन्ना सा इक दुल्हा गुड्डा दिखता ज्यादा है।

बच्चे ऐसे खेल करें तो देख-देख मुस्काऊँ मैं

किन्तु जो जीवन से खेले उनसे भिड़ ना पाऊँ मैं,

देख-देख ये खेल अनोखे भीतर तक जल जाऊँ मैं।

नन्हीं सी गुड़िया को घूंघट और गुड्डे को बांध के साफा

निकले अपना फर्ज निभाने दौलत का करने को इजाफा,

इनको इतना ज्ञान नही है, कल किसने देखा है इनका

महल बना सके ना कोई अभी छोटा है इतना तिनका

ना उनके मन की चाहत है, ना ही कुछ इसमें राहत है

79

इनके लिये तो खेल ही समझों, ये बे मन का मेल ही समझो
जब जागेगी उनमें जवानी, और चढ़ेगा इश्क रवानी
या तो सौतन बैठी होगी या फिर उतरेगा कहीं पानी
इनके मन की थाह न ली और जोड़ दिये बंधन जीवन के
माता-पिता ने फर्ज निभाया क्रूर एक शासक सा बनके।
अभी तो उम्र है कितनी बाकी, बचपन जिसमें खेले अकेला
ये कैसे फिर बाँध सकेगा उसमें जीवन साथी का मेला,
जीवन के ध्येय क्या पायेगे, जिनको तुमने लक्ष दे दिया
कैसे ढूंढगे परछाई पहले जिनको अक्स दे दिया।
सुनो जरा कोई बाते मेरी, थोड़ी तो रखों फिर देरी
पहले सुध बुध हो लेने दो, बालपना तो खो लेने दो
फिर उनकी इच्छा भी जानो, कुछ कहना तो उनका मानो
जिनको जीवन साथ बिताना अट्ट एक बंधन है निभाना,
दिल उनके तो मिल जाने दो, फिर तुम उनके हाथ मिलाना।
नहीं तो जो तुम बसा रहे हो, बिगड़ेगी फिर यही गृहस्थी
तलाक शुदा कहलायेगे इक दिन, जो ये बनाये नव दंपत्ति
सीताराम की जोड़ी सी जब होगी ना इनमें सम्मति
लानत देगी तुमको टूट कर भारत की अनमोल संस्कृति।

"वैचारिक क्रांति और संस्कृति"

वैचारिक क्रांति ने देखो भारत की की दुर्दशा

नंगे हो गये बालवृद्ध सब पश्चिम ने दी यही सदा

नर में तो ना राम रहा और नारी रही ना अब सीता

एक एक पाल मानवता का देखो ऐसा हनन हुआ

चरित्र के बंधन लगते है बुरे, भाये मन को स्वतंत्रता

घर की कली को त्याग के तितली के पीछे हो रहा है हर बंदा

सैक्स हो गया आम आज वक्त आया इतना भौंडा

छोटे-छोटे बालक खोले गोपनीय सब राज यहाँ

देखे टी.वी. फैशन शो भाये तन अब अध नंगा

कैसी ना होगी मैली फिर पावन भारत की गंगा

भाव, त्याग व प्रेम रहा ना दैहिक सुख केवल है बचा,

पश्चिम की संस्कृति ने देखो भारत में क्या व्यूह रचा।

चारित्रिक पतन हो रहा स्त्रीत्व हो रहा है हवा

भ्रमर भ्रमर डाली पर बैठा कैसे बचेगी कोई सबा

अधनंगी तस्वीरों में देखो, खो गये वृद्ध भी आज

गज गामिनी की चाह में देखो कलाकार अब रचे को लाज

अब ना बुढ़ापा फेरे माला खो गई है भारत की लाज

जीवन के गुप्त रहस्य भी, बतियाये जाते है आम,

कामसूत्र तो वात्सायापन से पर अब घर हो सूजे काम
खजुराहो और अजन्ता की देके मिसाले नये युवा
शारीरिक सुख को माने मात्र दैहिक आवश्यकता
बेशरमी से कहते है कि भूख लगे तो लेते खा,
तन जब कोई मांग करे तो पूरी करने में क्या सजा
सोच सोच कर मैने सोचा क्यों बिगड़ी ये मानवता
संस्कारों की कमी हमी ने छोड़ी होगी कहीं यहाँ
तभी तो बढ गई भारत में इन कुसंस्कारों की बेल
जीवन में बस चाह देह, देह तो मानो बन गई खेल
भूलना होगा हमको अपना इतिहास की रवानी का
अब ना पैदा होगा भगत फिर ना हो सुखदेव ना राजगुरू
कहाँ से वीर शिवाजी होंगे नाही रामदास से गुरू
पवित बन रही आज संस्कृति पश्चिम की धारा में वह
कवि रो रहा कलम चलाकर आंसू आँखों में रह रह।

37

"पिता का नाम नहीं
(मातृ संतान का)"

एक समय था पिता के पीछे आती थी संतान यहाँ

पर अब तो जननी ने संभाली घर हर कमान यहाँ

बिना पिता के नाम के पैदा करती है, संतान यहाँ

जायज और नाजायज का रहा है, कोई प्रश्न कहाँ।

स्वतंत्रता ने नारी, की देखो कैसा रूप धरा

बिना मेघ के फूल खिलाती आज यहाँ की वसुन्धरा

सोच तो बदली जीवन बदला बदल गये आचार सभी

बुद्धि ने आँखे है मूंदी बदल गये व्यवहार सभी,

आज ना कोई कहने वाला सही क्या और गलत है क्या?

क्योंकि हर मन के भीतर कुछ ऐसा ही भेद छिपा

कोई भर्त्सना करे ना कि होगा क्या इंसान का

बिना पिता के पुत्र जो होगे होगा इनका काम क्या?

कचरे के ढेरो में पड़े मिलते थे कभी जो नर-नारी

अबला कह कर पुरुष की ओछी हरकत बनती लाचारी

किन्तु आज तो शौक से जनती बालक ये बेनाम यहाँ

माँ तो माँ है, सब अच्छा है, किन्तु पिता का नाम यहाँ

ऐसा बालक जब बनेगा स्वयं किसी का कभी पिता

जलेगी ना उसके मन में फिर संस्कारों की क्या चिता?
फिर से कोई पैदा होगा, इक बालक बेनाम यहाँ
हो जायेगी इक दिन देखो इंसानियत अनाम यहाँ
माता-पिता की इज्जत से जो भय रहता ना कुछ बाकी
वो भी पी जायेगी ऐसी उच्छृंखलता बन कर साकी
उस दिन कैसी होगी धरती और धरती की शान यहाँ
मिट गई बिल्कुल मिट जायेगी भारत भू की आन यहाँ
अब भी सोचो और मुझे फिर अपने इसी धरौंदे में
शास्त्र उपनिषद वेद बताये आचरण इस ओहदे में
वरना कर दोगे इक दिन संस्कृति नीलाम यहाँ
शर्मिंदा होगा भारत का हर इक शख्स यूँ आम यहाँ।
पलट के कोई देखेगा ना स्वर्ग सी पावन धरती को
आज विदेशी देखने आते शौक से अपनी बस्ती को
थू-थू करके हँसेगा हर इक देश जहाँ का फिर तुम दर पर
दीवानों जो गिर-गिर खो दी भारत की पहचान यहाँ।

"वृद्धाश्रम एकल परिवार"

नन्हैं नन्हैं हाथ थपथपा रहे बालू पर नया धरौंदा
देखके उनको जेहन में विचार द्रुत गति से कौंधा।
बालू के धरौंदे ने रखी बचा कर संस्कृति,
ये ही तो वह खेल पुराना जिसे अपनाये संतति।
बाबा ने भी बतलाते बनाया था बालू पर ही धरौंदा,
बचपन में दोहराया हमने फिर बालू पर यही घरौंदा।
घरौंदे तो आज भी बनते बालू पर पहले जैसे ही
किन्तु उनमें रंग रहे ना संस्कारों के फिर वैसे ही
बाबा के घरांदे में थी दो खटिया और इक गईया
बाबा के बाबा थे कमाते दूध निकालती थी मईया।
मेरे घरौंदे थोड़े बढ़ कर ले आये कुछ साजो सामां
गईया तो अब भी थी घर में किन्तु माँ ना रखती ध्यान
कल्पनाओं के घरौंदे में रखे थें मैने कुछ चाकर,
जो घर का हर कार्य कराते, रूखी सूखी कुछ खाकर।
आज जो नन्हैं बैठ थपथपा रहे बालू पर नये घरौंदे,
पूछूँ उनसे प्रश्न कई विचार मेरे मन में कौंधा।
मैं कुछ आगे बढ़ी तल्लीनता से देखा जो नन्हा घर
एक परकोटा था बड़ा उसमें रखी थी जगह मगर,

बीचों बीच था एक दुमंजिला उसमें शानोशौकत भर।
देखो आँटी मेरा घर है, सबसे आधुनिकता का घर
पूछ उठी मैं उससे बेटा क्या-क्या रखा है घर में?
बोला ये है, ड्राईंग रूम ये बैडरूम मेरे घर में,
ऊपर वाला मंजिल देंगे हम किराये पर चढ़ा
रहेगा ना फिर हर रोज यहाँ पर रोजी रोटी का लफड़ा
पूछा मैंने बेटा लेकिन गईया ना पाली तुमने,
बोला आँटी छोड़ो गईया गाड़ी जो लाली हमने।
गईया के छप्पर से होगी गंदी घर की सुंदरता
ये देखो गैराज बढ़ाता मेरे घर की फिर शोभा
मैं बोली बेटा बोलो, बाबा-माँ की जगह कहाँ
यह घर तो मेरा होगा इसमें मैं व मेरी सखी,
बाबा की झोपड़ी है, ना महल में ना है, जगह रखी।
आजकल तो वैसे भी वृद्धाश्रम खुल गये बड़े-बड़े,
वृद्धों को वहाँ मिल ही जायेगी दाल व रोटी पड़े-पड़े।
आप तो देखो कितना सुंदर कितना प्यारा मैन गेट
जिसने सारे घर को लिया है एक ताले से ही समेट
वह तो बोले जाता था अपनी ही धारा अक्षुण
किन्तु मैं समय के बदलावों को देख कर हो गई मौन
आधुनिकता से कैसा बदला रूप धरा पे नीढ़ों ने,
संस्कृति को खा डाला है आधुनिकता के कीड़ों ने
एकल परिवारों की धुन पर बोले रहै है अब बालक,
हाय कहाँ जायेंगे पैदा करके पुत्र को अब पालक।

39

"रिश्तो पर वार पिश्चम का"

सारे रिश्ते शून्य हो गये आधुनिकता के स्वर में,

चाचा, ताऊ, मामा, मौसा 'अंकल हो गये इक पल में,

भुआ, मौसी, ताई, चाची हो गई सब ये आँटियाँ

पिता तो हो गये डैड आज और माँऐं बनी देखो ममियां

वाह रे आधुनिकता के भारत कैसा ये उत्थान तेरा

जिसमें कोई ये ना जाने, किससे किसका रिश्ता क्या?

भारत में रिश्तों की मिसालें बरसों से जो पली बढ़ी थी,

यहाँ नही सिर्फ लहु के रिश्ते, मानवता की जुड़ी कड़ी थी।

किन्तु आधुनिकता ने छीने रिश्तों के स्वर हमसे आज,

भाई-भाई का रहा न बहिन का होगा क्या सरताज।

बहिन को वहिन ना कहना चाहें हो गई है अब वो सिस्टर,

देखो भारत में भाषा का गिर गया कितना स्तर।

यदि अंग्रेजी भारत को लगती थी इतनी ही प्यारी

तो अंग्रेजी सत्ता में भला थी बोलो क्या फिर बीमारी

अंग्रेजो को तो दिया निकाला लहु को अपने सींच-सींच,

फिर क्यों अंग्रेजी को पनपने दिया है अपनो के ही बीच।

माँ को माँ कहने से होता यदि तुम्हारा स्तर कम,

पिता को डैड बताते में ना आये जरा भी तुम्हे शरम

संस्कृति की ओर

सारे रिश्ते अंकल हो गये, खो रही अनकी महत्ता
अंकल तो अंकल सारे है लहु बनाये क्या रिश्ता
संयुक्त परिवारो के घटन ने दिया एकल परिवार यहाँ
संकुचित हो गई देखो अब रही सिमटती मानवता
कहाँ-कहाँ अब सांझा चूल्हा पके कहाँ इक हंडिया में धान
मेरा-मेरा करके मर रहे देखो आज के नौजवां
इसी तरह से यदि पनपती रही अंग्रेजी की आग,
संस्कृति तो छुटी हमसे फुटे मानो सबके भाग।
जीते जी तो पिता को मारा माँ की जिंदा बनी ममी,
देखो संस्कारों के स्तर में आई है कैसी कमी।
इस पर हम इठलाते है और शाबाशी देते यह कह
अंग्रेजी पढ़ता है बालक हुलस उठे मन सोच के यह
किन्तु अंग्रेजी ने कितना खोया देखो अपना मन
हर प्राणी खुद में ही सिमटा, बिगड़ गया है, अब यौवन
अब ना बड़ों का भय रहा है, नही लाज है, छोटो की,
बढ़ती जाती देखो सेना लगी होड़ में नोटो की।
दुध के दांत न निकले जिनके चर्चा करते सैक्स पर,
मोबाईल पर दिल फैके ये लैटर भेजे फैक्स पर।
आधुनिकता के इस जार्में में गुम हो गया भारत जब,
कौन दिलाये याद संस्कृति संस्कार रहे है कहाँ अब।
भय लगता है, मुझको देख के आज की ऐसी फितरत से
छिन ना जाये भारत भू की संस्कृति अपनी कुदरत से
दिन-दिन पैदा होने वाले नन्है जाने अंग्रेजी
हिन्दी हिन्दु हिन्दुस्ता की सारी कहानी हवा हुई।

40

"समय का फेर"

नन्हीं किलकारी में तूने, ममता मेरी भले भुलाई

फिर भी हर पल मुझको, ले किन तेरी चपलता याद है आई

समय गुज़ारा तक-तक राहे, पी गई अपनी हर दिन आहे

तूने तो कर लिया है, नफा, जननी तेरी हुई ज़ईफा

आँखों ने भी साथ है छोड़ा दिखता है बस थोड़ा-थोड़ा

कँपती है चलने पर टांगे, दाँते भी अब खिचड़ी ही मांगे

रहता है तन मंदा-मंदा

घर का ना होता है धँधा

ऐसे में जब देखूँ क्यारी

खाली दिखती हर फुलवारी

कहते है ममता के स्त्रोते, आँगन में हो पोती-पोते

जिनसे अपने अनुभव बांटू, दिन रैना हँस-हँसकर काँटू

सांसे जाने रहेगीं कब तक, बाट निहारूँ तेरी अब तक

सह लिया है बड़ा बिछोड़ा, ममता ने मुझको है तोड़ा

अब तो आकर मुझसे मिलले, ममता से लग जा अब गले

सुख से कुछ दिन जी लूंगी मैं, तुझसे कुछ भी ना लूंगी में

89

सहा ना जाता अब तो ये दुख, देखूं तुझको पालूँ कुछ सुख
भर गया है, सब्र का घड़ा, आखिर मुझ से कहना ही पड़ा
'थोड़ा सा सुख दे दे बेटा।
जो हो हर दुख से बड़ा॥

41

"उपग्रह का संस्कृति पर वार"

अब ना कोई खेल ये खेलें

टी.वी. देखे बैठे अकेले,

इनका पढ़ना-लिखना भी दुश्वार हो गया,

उपग्रह का पश्चिम से हम पे वार हो गया।

नई पीढ़ी का कैसा ये व्यवहार हो गया,

उपग्रह से पश्चिम का देखो वार हो गया।

समय से पहले खड़े हो गये नन्हैं देखो बड़े हो गये

घर में ही कम्प्यूटर ये तैयार हो गया,

उपग्रह से पश्चिम का हम पे वार हो गया।

लाज रही ना शर्म रही है, मानवता भी भरम रही है

घर-घर में राक्षस देखों, सवार हो गया,

उपग्रह से पश्चिम का देखों वार हो गया।

नंगी नारी नंगे लोग, आचारों में आया भोग,

बूढ़ो को कन्याओं से अब प्यार हो गया,

उपग्रह का पश्चिम से हम पे वार हो गया।

फैशन शो के नाम पे नंगापन देखो दिखलाते है,

रीमिक्स में सभ्यता के ये परिहास उड़ाते है,

घर ना रहा हो जैसे कोई बार हो गया,

संस्कृति की ओर

उपग्रह से पश्चिम का देखों वार हो गया।
बच्चों में है सैक्स की बातें, वैलेटाइन भी खूब मनाते
डेटिंग चेंटिंग का खुला व्यापार हो गया,
उपग्रह का पश्चिम से हम पे वार हो गया।
इसको संभालो भोले भालों
लुटने से संस्कृति को बचालों,
भारत पे हमला ये बिन हथियार हो गया,
उपग्रह से पश्चिम का देखों वार हो गया।